Sybille Hedemann
Mit den Augen des Herzens
Gedichte

ISBN 978-3-8334-7443-9

Herstellung und Verlag: Books on Demand, Norderstedt
Printed in Germany

Sybille Hedemann

Mit den Augen des Herzens

Gedichte

Meinen Eltern in Liebe gewidmet

Lange schon schreibe ich Gedichte, einfach nur so für mich. Es ist für mich eine Art Ausdrucksfindung, die ich mag und die ein wichtiger Kanal geworden ist, meine Gefühle zu erkennen, zu beschreiben und meine Gedanken zu ordnen. Ich bin ein sehr stiller Mensch, rede ungern, bin voller Zweifel, nur ja immer das Richtige zu tun oder zu sagen. Was ist richtig und was ist falsch? Meine Gefühlswelt ist sehr intensiv, es gibt gravierende Tiefen, aber auch unendlich schöne Glücksgefühle. Ich bin sensibel, sicher übermäßig empfindlich. Gleichzeitig habe ich mir einen Panzer zugelegt, um nicht verletzt zu werden, und doch verletzt mich so vieles.

Dieses Buch ist für mich ein unglaublich mutiger Schritt, obgleich der Traum von einem eigenen Gedichtband schon lange in mir schlummert. Es ist für mich eine gute Möglichkeit mich zu öffnen, und ich bin stolz darauf, es jetzt zu wagen! Ich hoffe sehr, dass viele sich in Einigem wiederfinden und wie ich Mut bekommen, mit Krankheit und Krisen fertig zu werden, daran glauben lernen, dass Heilung möglich ist und sich mit mir verbunden fühlen.

Eine kurze Zusammenfassung meiner wichtigsten Erlebnisse macht sicher vieles von dem, was in meinen Gedichten steht, verständlicher.

Ich wurde im Mai 1964 geboren. Ich wuchs auf als sogenanntes »Sandwich-Kind«. Mein Bruder Torsten ist elf Monate älter, meine Schwester Christine zehn Jahre jünger als ich. Meine beiden Geschwister sind behindert, beide erkrankten während ihrer Kindheit, und meine Eltern mussten einen sehr steinigen Weg gehen. Sie leben beide bei meinen Eltern, mein Bruder, der vor allem geistig, motorisch und organisatorisch auf Hilfe angewiesen ist und meine Schwester, die ein vollkommener Pflegefall ist. Ich bewundere meine Eltern für ihre jahrelange Mühe und Ausdauer, ihre Liebe und ihren Lebensmut. Vor allem meine Mutter leistet Großartiges. Und obwohl meine Eltern schon lange Zeit von eigenen Leiden und Krankheiten heimgesucht werden, haben sie unendlich viel Kraft, besitzen ein riesengroßes Herz, haben unglaublich viel Mitgefühl und einen herzhaften Humor, wofür ich dankbar bin. Meinem Sohn sind sie die liebevollsten Großeltern und trotz aller Sorgen und vieler Arbeit sind sie auch immer für mich da.

Ich erinnere mich an sehr viele schöne Erlebnisse während meiner Kindheit. Wir unternahmen sehr viel zusammen und fuhren gemeinsam in Urlaub. Dennoch weiß ich, dass diese meine Erfahrungen mich zu dem gemacht haben, was ich heute bin. Ich war in meiner Kindheit immer die liebe, vernünftige, gesunde Tochter, die nie Probleme machen wollte. Ich verdrängte Gefühle wie Wut, Neid oder Eifersucht wegen meiner Geschwister. Sie konnten ja nichts für ihre Krankheit, und sie konnten so vieles nicht tun, was ich konnte. Ich hatte Schuldgefühle, weil ich gesund war. Und trotz der Liebe in unserer Familie fühlte ich mich oft allein.

1996 wurde unser Sohn geboren. Wie glücklich und dankbar war ich, mein Kind in meinen Armen zu halten!

Während meiner Schwangerschaft erkrankte ich an Rheumatoidarthritis (entzündliches Rheuma). Ich hatte während der Schwangerschaft, aber vor allem nach der Geburt meines Sohnes starke Entzündungen und wahnsinnige Schmerzen in den Gelenken, es ging mir miserabel. Diese höllischen Schmerzen zu ertragen und sich mit einer Krankheit auseinander setzen zu müssen, die einen Menschen irgendwann zum Krüppel machen kann, war die reinste Folter. Hinzu kam, dass ich teilweise auch nicht in der Lage war, mein Kind zu versorgen. Drei Monate nach der Geburt unseres Sohnes wurde ich auf Medikamente eingestellt, die langsam die Schmerzen milderten. Es gab jedoch immer wieder Rheumaschübe und viele Zeiten der Hoffnungslosigkeit. Hinzu kam die ständige Einnahme heftiger Medikamente mit gewaltigen Nebenwirkungen.

Dann fand irgendwann eine grundsätzliche Wende in meinem Leben statt. Ich begab mich auf die Suche nach einer anderen Art von Hilfe. Vor allem durch Bücher, Fernsehsendungen, Begegnungen mit Heilpraktikern und Freunden, aber auch mit betroffenen Menschen lernte ich alternative Möglichkeiten der Behandlung kennen und erfuhr, dass es Menschen gibt, die eine möglicherweise tödlich endende Krankheit, wie beispielsweise den Krebs, in sich heilen konnten. Ich begriff die Zusammenhänge zwischen Körper und Seele und erkannte, dass jede Krankheit tiefere Ursachen in sich birgt. Ich begann daran zu glauben, dass auch ich dazu in der Lage bin, in mir selbst Heilkräfte freizusetzen, um so zu meiner Gesundung beizutragen. Es gibt Gesetze zwischen Himmel und Erde, die zu erkennen, vieles bewirken kann

Auch heute noch habe ich damit zu tun, mir meiner Gefühle klar zu werden, sie wirklich zu begreifen und auch zuzulassen. Lange Zeit hatte ich Probleme mit Depressionen, Rückschlägen, Verurteilungen, mangelnder Selbstliebe und auch Todessehnsüchte, die in meinen Gedichten ihren Ausdruck finden. Mein Leben wurde von einem Schleier überschattet, der eine wirkliche Lebensintensität nur kurz und sporadisch nach außen dringen ließ. Allein die Gefühle in Worte zu formen, hat mir schon sehr geholfen, trotz dieser Krisen weiter leben zu wollen. Genauso hatte und habe ich gegenwärtig immer öfter unendlich glückliche Zeiten, die ich wahrscheinlich auch nur so genießen kann, weil ich meine Tiefen erlebt habe. Heute ist mir klar, dass nach jeder Krise auch wieder die Sonne scheint – ich versuche, mich auf die schönen Seiten des Lebens zu konzentrieren.

Gegenwärtig habe ich wenig Beschwerden, obwohl es anatomisch seit Jahren nicht so gut für die Gelenke aussieht, ist mein Zustand stabil, benötige ich wenig Medikamente. Hin und wieder spüre ich, dass meine Leistungsfähigkeit eingeschränkt ist. Dann versuche ich, auf meinen Körper zu hören und gönne ihm eine Pause. Ausgesprochen hilfreich ist, dass ich seit mehreren Jahren nur noch halbtags arbeite und so meine Kräfte besser einteilen kann. Dadurch habe ich auch mehr Zeit für meinen Sohn. Dafür bin ich dankbar. Bei kleinen und mittelstarken Entzündungen helfen mir Cortison sowie alternative Heilmethoden. (Der letzte große Schub ist über zwei Jahre her.) Ich mache Heilfastenkuren, treffe mich mit Freunden, genieße die Zeiten mit meiner Familie, meditiere und beschäftige mich mit Schamanismus und Reiki.

Ich danke euch, meinen Familienmitgliedern, meinen Freunden und Bekannten dafür, dass es euch gibt, ihr immer hinter mir steht und ich mich bei euch geborgen fühlen kann. Ganz besonders danke ich allen, die mich begleiten, die mich unterstützen und für mich da sind, wenn ich Hilfe brauche, und für die auch ich da sein kann!

Eine große Dankbarkeit verbindet mich mit denen, die mich persönlich bei der Herausgabe dieses Buches unterstützt haben. Danke dir, Erwin Penner, für den größten Teil der Bilder, die du für mich gemalt hast, sie sind sehr schön! Danke an dich, Barbara, für das Erstellen des Layouts, die Gestaltung und die vielen praktischen Tipps! Danke euch, Katrin und Thomas für die Hinweise bei der Selbstdarstellung und dir, Katrin, für das Bild zum Gedicht über meine Mutter! Danke an euch alle, die ihr mich zu diesem Schritt ermutigt habt!

Ich sende euch, die ihr das lest, Licht und Liebe. Sie sind immer stärker als die Dunkelheit. Jeder noch so dunkle Raum wird erhellt durch das kleinste Licht. Und nach jeder Nacht folgt wieder ein Tag. Vielleicht kann ich für euch eine kleine Flamme sein, das wäre schön!

Sybille Hedemann   Dezember 2007

WÄRME

Nimm mich an die Hand
und ich werde dir danken
für die Kraft und Freude
die sich auf mich überträgt
für das Gefühl
mich zu mögen
und zu brauchen
für den inneren Wert
den du achtest und liebst

Fallen wieder
wärmende Sonnenstrahlen
in mein Herz

Dankt meine Seele tausendfach

Erhebe ich meinen Kopf voller Stolz
und der Gewissheit
dass ich dazu gehöre
zu dieser Welt
und diese Welt
ein klein wenig freundlicher mache
und Wärme austeile

Dies macht mich stark

Bewusst spannt sich mein Körper
und setzt mein Gesicht
ein Lächeln auf
ein freundliches und siegesgewisses

Manchmal

bin ich
in mir selbst gefangen

Schließe ich die Tür
durch die ich eben noch
gehen wollte

Verliert das Herz doppelt
von dem
was es gerade gewonnen hatte

Mit jedem Abschied
löst sich ein Stück
meines Herzens
und verschwindet
in ein unerreichbares Nichts

Schmerzt eine neue Wunde
gleich neben der alten

RÜGEN IM WINTER

Eisschollen auf Steinen
glitzernd in der Sonne
Ungezähmte Wellen
die ständig dagegen schlagen
und Stück für Stück
eine neue Eisschicht formen

Knirschende Kiesel
unter unseren Füßen

Im Gesang des Windes
und der aufgebrochenen See
zwitschert dann und wann
ein einsamer Vogel im naheliegenden Wald
erinnert an den beginnenden Frühling
Bläst nur der Sturm
noch in seinen eisigen Tönen
uns sein Lied ins Gesicht
Beißt er sich in die wenige Haut
die ihm ohne Schutz geblieben ist
Spür ich wieder Leben

In mir ist ein tieferes Besinnen
und Ruhe und Stille
in dieser Klarheit und Reinheit
und liebenswerten Einsamkeit
Nur der Natur gegenüber
und von ihr umgeben
spür ich ihre Kraft
und möchte hier
für immer verweilen

Graben sich die Bilder
ganz fest in mein Herz ein
um mich auch später noch
an diese überwältigenden Gefühle
zu erinnern

Scheint ein Stück heile Welt
für immer in mir eingebrannt

DANKE AN MEINE MUTTER

für diese unendliche Liebe
und Geduld
und dieses riesengroße Herz
das in ihr schlägt

Opfert sie sich auf
für die, die um sie sind
umsorgt und beschützt sie
denkt sie keine Minute
auch nur an sich selbst
trägt sie ihre Lasten ohne zu jammern
blüht aus ihren Schmerzen
noch ein Blumenstrauß der Freundlichkeit

Achte ich dies über alle Maßen

Müssen wir ihr
ein Stück ihrer selbst
erhalten und zurück bringen

GLÜCK TROTZ SCHMERZEN

Machst mich so stolz und glücklich

Malst Tränen in meine Augen
vor Freude

Verzeih mir meine Ungeduld
und den Zorn meiner Krankheit
Unbeherrschtheit und Müdigkeit

Letztlich siegt immer die Liebe
über meine Schmerzen

Mein Herz ist so groß und voll
erfüllt von dir

Genieße ich jede Minute der Freude
schau in deine Augen, dein Gesicht
und liebkose dich

Mein Kind

Niemand kann
dieses Gefühl beschreiben
der nicht selbst
so empfunden

Kinderaugen –
so offen und ehrlich
voller Zuneigung
Unberührtheit im Gemüt
Reinheit im Wesen
so aufrichtig
wie nie jemand
wieder sein wird

Verständigung
nur über unsere Augen
und über unsere Haut

Danke

dass es solch
unendlich starke Liebe gibt

JAHRESZEITEN

Ich mag jede Jahreszeit
solange ich alle Naturschauspiele sehen kann
auch den Regen, Nebel, Kälte
auch durch sie spüre ich
dass ich lebe

Ich liebe
den Frühling
die zarten Sonnenstrahlen
das sanfte erwachende Grün
und die blühenden Wiesen

Ich mag die angenehm warmen Tage
im Sommer
das satte Grün der Bäume
laue Nächte und lange Tage

auch den Herbst
mit seinen Farbtupfen
und Winden
ungestüm und wild
Kinder lassen Drachen steigen

und den Winter:
das Weiß des Schnees
das durch kein anderes zu ersetzen ist
und die klirrende Kälte

Ich freue mich darauf
all dies meinem Sohn zu zeigen
und seine Empfindungen zu teilen
und die meinen mit ihm

Ist dies Leben nicht lebenswert

Berührt mich diese kleine Hand
ertastet mein Gesicht
schmiegt sich seine Wange
(so unsagbar glatte, weiche Haut)
an meine
umfasst der kleine Arm
schon ab und zu meinen Hals
lacht mich dies Gesicht an

Bin ich für ihn
eine ganze Welt

Dringt diese Zärtlichkeit
in alle Fasern meiner Seele
und meines Körpers

So unsagbar liebevoll und sanft
und doch so unendlich
kraftvoll und stark
diese Empfindungen

Eine ganz neue Liebe
vollkommen anders
unendlich schön

LIEBE

Schläfst den Schlaf der Engel

Wünsch ich dir
süße unbeschwerte Träume
Soll das Leben für dich
die schönsten Seiten bereit halten
die du erst entdecken musst
freu ich mich darauf
dir die Wolken, die Sonne, den Mond
die Blumen und Vögel zu zeigen

Soll die Welt auch für uns
noch einmal wunderbar, schön und gut
zu erleben sein

Möchte ich dich
vor allem Schlechten und Bösen bewahren
und behüten
Weiß ich doch
dass du all dies erleben wirst
weil es zu unserer Welt gehört
Dies kann ich leider nicht steuern

Aber

Ich will mein Bestes geben
Unsere Liebe wird die Welt für dich
ein Stück besser machen als sie ist:
Geborgenheit und Schutz
Liebe und Zuversicht
Wir sind immer für dich da

Mein Leben
ist jetzt ein anderes
neue Pflichten, Sorgen
strömen auf mich ein

aber

Ich erlebe das größte Glück
auf Erden:
dieses Menschenkind
zu beschützen, zu umsorgen
und aufwachsen zu sehen
mein eigenes inneres Ich
aus mir hervorgegangen
und mir so nah

Wie sehr
du mein Herz ausfüllst
meine Zeit in Anspruch nimmst
meinem Leben einen Sinn gibst
dadurch
dass du mich liebst
mich brauchst
mir vertraust

Will ich dich nie enttäuschen
und immer für dich da sein

RHEUMA

Diese Krankheit
die mich verfolgt
und nicht los lässt
die in mir steckt
und sich breit macht
wie ein wildes Tier
im Körper wandert und pulsiert
mir unendliche Schmerzen bereitet
und mich quält

Möchte ich ihr entfliehen
anderswo sein
weglaufen
dorthin
wo sie mich nicht einholen kann

Bin ich ihr überall ausgeliefert
Unreparable Schäden in zwei Jahren
kann ich das Heute nicht genießen
lebe ich nur in der Angst vor dem Morgen
erinnern mich die Schmerzen
immer wieder
an meine Unfähigkeit
mich selbst wieder zu heilen

HOFFNUNG

Spüre ich ab und zu
einen kleinen Windhauch
der Leben heißt:
die Liebe zu meinem Sohn
soviel Zuneigung – fast zu viel
die Sonne am Himmel
das Grün der Bäume

vergesse ich die Stärke
meiner Schmerzen
fasse ich wieder Mut
für kurze Zeit

hoffe ich

auf einen Stillstand
der Entzündung
halte ich mich
an Strohhalmen fest
versuche
jede Chance zu nutzen
führt sie auch fast immer
zu Enttäuschung und Resignation

GRIECHENLAND

Ruhe und Besinnung
kehren langsam ein
Im Vergessen
der alltäglichen Sorgen
wächst in mir wieder
die Achtsamkeit
für den gegenwärtigen Augenblick

Strand und Meer
Unbegrenztheit und Weite
wie kaum sonst irgendwo

Feier der Sinne:

Augen
sich satt sehen
Rosa, Rot und Weiß
blühender Oleander
Türkis und Blau
Weite des Meeres
Dunkles Grün
knorrige uralte Olivenbäume

Ohren
den Naturgewalten lauschen
Wellen an den Strand schlagend
Knirschende Kieselsteine
unter unseren Füßen

Lachen und Freude
im Gesicht meines Kindes
und in mir

Nase
den Geruch von Pinien
in sich einsaugen
eine Präsenz des Dufts
von Meer und Weite

Die Geschmacksknospen
die Vielfalt der griechischen Küche
genießen
wundervolle Gemüsekreationen
gegrillter Fisch
Das Meer sein Salz
auf der Zunge hinterlässt

Haut
den Sonnenstrahlen
ein Willkommen ruft
Kieselsteine von den Händen
erforscht werden
Füße balancieren darüber
Härte der Kiesel, Weiche des Sandes
Unendliche Sanftheit
bei der Berührung unserer Hände

Urlaub am Meer

GRÜBELN

Schwarzer Nebel umhüllt mich

Schwarzer Nebel durchdringt mich

erdrückt
von einer zentnerschweren Last

unfähig, zu denken

gelähmt
in meiner Angst

gefangen
in meiner Unfähigkeit
mich zu befreien

Vorwürfe, Ängste, Phantasien
die mich zerfressen
zermatern

Meine Seele
gefesselt
wie in einer Schlinge

Mein Herz
erdrückt
und verloren

SUCHE

Negative Energien
um mich
und in mir
niedergeschlagen
voller Sorgen, schlechtem Gewissen
Kummer

auf der Suche
nach einem Funken Licht
am Ende des Tunnels

LIEBEVOLLE BEGEGNUNGEN

Freunde:
ein Stück von ihnen
in mir selbst
ein Teil von meinem Herzen
ein Bestandteil meiner Seele

Helfende, gebende Hände
liebevolle Augen
tröstende Worte
wirklich zuhörende Ohren
Verständnis und Akzeptanz
Freundschaft
die mein Herz erwärmt

ZU HAUSE

Ich bin da
einfach da

Stille in mir

Fühle mich geborgen
in mir selbst

Umgibt mich
ein Segen aus Liebe

Erfüllt mich
eine Seele voller Licht

Bin ich zu Hause
in mir selbst

Fühle ich
unendliche Ruhe und Frieden

Spüre ich
diesen Augenblick wirklich

Besitze ich
alle Zeit der Welt

Lebe ich im Jetzt
in diesem Moment

Fühle ich mich hier
so stark und groß
und unendlich

Mein Glück
Menschen zu kennen
die Licht in diese Welt bringen

Zeigt mir das Resonanzgesetz
dass auch ich dazu in der Lage bin?

Wächst mir der Mut
einfach ich zu sein
so wie ich bin
noch auf dem Weg zum Gipfel
der Glück heißt
und innerer Frieden
und Heiler
und doch schon voller Licht und Liebe
für mich und die Welt,
die Erde und jeden Menschen

Kann ich dadurch
auch in jedem Menschen
Licht erkennen
ob klein oder groß
hell oder schwach
Weitet sich mein Herz
voller Liebe und Glück

ÄNGSTE

Bin meines Lebens müde
habe eine Zeit
in der nichts wirklich zählt

Möchte ich einfach einschlafen
und nicht mehr aufwachen
um den Schmerzen zu entgehen
den seelischen Schmerzen
meinem Kummer
meinen Ängsten
meiner Unfähigkeit
mir selbst
und vor allem den Anderen
wichtig zu sein
und geachtet zu werden

Fühle ich mich
so unsagbar hilflos und müde
bin ich
so unendlich traurig
über das Leben

Finde ich keinen Trost

BEGEGNUNG

Eine Welle
voller Sonnenstrahlen
aus seinen Augen
in mein Gesicht

Ein Echo
voller Wärme
und Dankbarkeit
aus meinen Augen
in sein Gesicht

Dieser Moment
so bedeutsam und wohltuend

Seltene Kostbarkeiten im Gegenüber:
Güte
Achtsamkeit
Verständnis und Toleranz
Intuition und Wissen
Sanftmütigkeit
Wärme und Licht

Eine unsichtbare wärmende Decke
die sich um mich hüllt
mein Herz öffnet
Liebe und Licht
hinein strahlen lässt
sich verstärkt
und wieder nach außen fließt

Ich im Mittelpunkt
des Geschehens
beachtet, akzeptiert
und wichtig in diesem Moment

Jemand, der wirklich zuhört
mir einen Anker zuwirft
und mir hilft
ohne zu werten

Ein unsichtbares besonderes Band
mich mit ihm verbindet

Seltene Gefühlsschätze in mir:
Leichtigkeit und Zartheit
Zufriedenheit
Offenheit
Wärme und Liebe
Dankbarkeit

Eine überwältigende Begegnung
eine wundervolle Bekanntschaft
ein außergewöhnlicher Mensch
mit einem Platz in meinem Herzen

Diese unglaubliche Ausstrahlung
die ich nicht in Worte fassen kann
die Sucht
nach mehr Zeit
in dieser Gesellschaft
der Wunsch
nach Freundschaft
in Gegenseitigkeit
die Sehnsucht
nach Beständigkeit
dieser Gefühle

VERLOREN

Deckt der Schmerz
über meine Unfähigkeit
mir alles recht zu machen
alles Licht in mir zu

Fühle ich den Druck der Mauer
um mich
erdrückt, verbittert und zornig

Umgibt nur noch Asche mich
hüllt mich ein
nimmt mir jede Sicht

Kann ich nicht mehr atmen
nicht sehen
nichts hören
nichts fühlen

Scheinen alle meine Sinne
verdorben und ausgeschaltet

Zählt nur noch
der Schmerz in meinem Herzen
meine eigene Gefangenschaft

Schimmernde, glitzernde Sonne auf weißen Feldern
verzaubert der Schnee das Land
wirkt jeder Meter unberührt
rein, klar und makellos
und wunderbar still

Landschaft
in vollkommener Ruhe
und unendlichem Frieden
scheint alles Leben
langsamer, friedvoller, beruhigter

Zeit steht still

Weckt dieses Weiß
das sich mit absolut nichts vergleichen lässt
in mir ein Gefühl von Heimat
Geborgenheit, Sicherheit und Stille
im außen
aber auch in mir selbst

Finde ich den schon längst vergessenen Frieden
in meiner Seele wieder
Singt mein Herz eine leise Melodie
voller Dankbarkeit, Zufriedenheit und Glück
über diesen Augenblick

WAHRES GLÜCK

Wie wunderbar
kann jede Minute sein
jeder Augenblick
wenn das Glück
in mir wohnt
mein Herz so hell strahlt
und alle Fenster und Türen
für diese Welt öffnet
die Sonne in mir scheint
Schmetterlinge im Bauch flattern
ein Vibrieren mich durchdringt
und mein Gesicht
von innen leuchtet

Bin ich verbunden
mit dem Göttlichen Licht
Teil der Göttlichen Energie
Empfänger und Sender
für Liebe und Glück

Eine nie gekannte Sanftheit
Zartheit und Güte
durchdringt mein Ich
und es fühlt sich
so unglaublich gewaltig an

Voller Dankbarkeit
genieße ich diese Momente
Möge diese Zeit
niemals vergehen

DIESER MOMENT

Leben heißt Leiden

Leben heißt Schmerz

Liebe ist verschüttet

Nichts fühlt mehr mein Herz

Ich bin unendlich traurig

Ich bin so allein

Mein Herz ist so düster

Mein Herz ist ganz klein

Nichts ist von Bedeutung

Nichts hat einen Sinn

Ich will nicht mehr leben

Wo geh ich jetzt hin?

Allein und vergessen

Verlassen und klein

In Trauer und Schmerzen

Wahres, schmerzvolles Einsamsein

Liebe und Leid
so eng aneinander
und verknüpft
und doch
so gegensätzlich
wie nur irgendetwas

Vor Wochen noch
hielt ich das Glück
in meinen Händen
war mein Kern, mein Licht
frei und offen
fühlte ich die Verbindung
zur allumfassenden Einheit
dem Universum

Heute ist nur noch
Trauer in mir
Traurigkeit und Wut
über alles Leid der Welt
einen möglichen Krieg
getötete Zugvögel
gequälte Tierseelen
Elektrosmogbelastung unserer Kinder
Vergiftung unserer Flüsse
Vernichtung der Regenwälder

Woher nur
soll ich
den Optimismus nehmen
der mich weiterleben lässt
und mir das Glück
zurück bringt
nach dem ich mich so sehr sehne?

44

LEERE

Nur Leere und Traurigkeit
in mir
nicht möglich
einen Grund dafür zu finden
wie ein Gefäß
das leergeschüttet wurde
auf den Kopf gestellt
und vergessen

Kein Antrieb in mir
keine Freude oder Lust
zu irgendetwas

Bin ich schon
am tiefsten Grund
angekommen
den es für mich gibt?
Alle Freude, alles Glück
Verschüttet?
Verborgen?
Verloren?

SCHREIE

Lautlose Schreie
durchdringen die Finsternis
in mir

Meine Seele
weint
trauert
ruft um Hilfe

Warum
kann niemand
sie hören?

ABSCHIED

Danke
für deine Treue
deine Zuneigung
deine beständige Liebe
die Zeit
in der wir zusammen
glücklich waren

Du warst
etwas ganz Besonderes
ohne Vorurteile
ohne Wertung
von Aussehen, Kleidung, Stimmung
hast dein Herz
immer für uns geöffnet

Kannst du
diesen erwachenden Frühling
nicht mehr erleben
Hat dein Herz aufgehört
zu schlagen
Kann im Moment nichts
diese Lücke in mir füllen

Mein Hund
mein treuer Gefährte
Du wirst immer
einen Platz
in meinem Herzen
haben

TIEFE EINSCHNITTE

Dieses Mal
geht es mir wieder schlecht
schlechter
seelischer Nullpunkt

aber

es ist anders
irgendwie anders als sonst

ich kann
es annehmen
wie es ist
am Boden liegen
mich häuten
Schmerzen ertragen
und
auf meine neue
wirklich neue Hülle
vertrauen

Vier Wochen schon
Leere, Traurigkeit, Depression
abgeschnitten vom Licht
von der Welt
von mir

weiß ich dennoch
dass irgendwann
wieder eine Sonne
für mich erwacht

FRÜHLING

Endlich
kann ich
das wunderbar frische Grün
der Pflanzen
wieder erkennen,
wahrnehmen, genießen

Auf dem Fahrrad
durch die Natur
vom Regen gereinigte Luft
Abendsonne auf der Haut
sandige Wege voller Pfützen
Blütenduft in der Nase
Vogelgezwitscher
meine Ohren streichelt

Zwei Farbpunkte
und ein schwarzes Knäuel
voller Energie und Lebendigkeit
vor mir
Ich allein
aber nicht einsam
hinterher im Abstand

Trifft mich ab und zu
ein Komet der Erinnerung
und streift meine Seele
wunderbarer Glanz
aus meinem Schatzkästchen

Grüße ich alle Pflanzen
Danke ihnen
für dieses lebendige Grün
Augenweide
Laubbäume leuchten
hellgrüne Spitzen
an den Tannen
blumenübersäte Wiesen
blühende Obstbäume

Freude
über den Abschied
der Kälte
des Winters

Mein Herz
ist wieder angefüllt
mit Liebe

SCHÖNE ERKENNTNIS

Ich schließe meine Augen
Sonne auf meiner Haut
Vogelgezwitscher in der Luft
Wellenrauschen
Knirschende Kiesel
unter meinen Füßen
türkisfarbene und blaue Schatten
des Meeres
Ein Gefühl von Urlaub
Grenzenlosigkeit und Weite
ohne Sorgen und Ängste
in diesem Augenblick

Eine Illusion,
ein Traum
oder Wirklichkeit?

Worin besteht
der Unterschied
wenn nicht
in meinem Kopf?

Habe ich doch jede Minute
die Wahl
mir ein Stück Glück
an diesen Platz zu holen

Freiheit meiner Seele

Schweben meine Gefühle
den Himmel hinauf
mit ausgebreiteten Schwingen
Flügeln aus Licht
über dem Horizont

Plustert mein Herz sich auf
voller weicher Flaum
wie ein junges Entenküken

Umarmt diese Liebe
die ganze Welt
und lächelt ihr zu
voller Optimismus

MEIN SCHATZKÄSTCHEN

Habe ich Augenblicke
Begegnungen
Wärme und Licht
Erinnerungen
irgendwo in mir
versteckt
in einem
chinesischen Kästchen

Finde ich den Zugang
nicht jetzt
Lasse ich mir Zeit
ihn zu suchen

Gibt es auch in mir
irgendwo
Liebe und Licht
Wärme und Mitgefühl

Ein Wirbelsturm
der mich
rüttelt, schüttelt, hinwegschleudert
hinaus aus meiner Realität
in einen Alptraum
mir Schmerz bereitet
mich hilflos macht
verwundbar und klein
so dass ich
schon fast
den Tod herbeisehne
im Zentrum des Orkans

Ein Ankämpfen
den Gegendruck
nur noch verstärkt

Wünschte ich mir
einfach loslassen
und abwarten
zu können

Will ich mich nicht
dagegen wehren
gegen
Gefühle
Verletzbarkeit
Selbstvorwürfe
Ansprüche
Erwartungen
Ängste

Zauberworte:
Loslassen
Zulassen
Glauben
fällt so schwer

aber

manchmal schon
gelingt es mir

Finde ich mich wieder
im Schutz der Sonne
getragen vom Wind
gelöst und frei
schwebend
voller Vertrauen und Seligkeit
empfinde ich dieses Glück
diesen Frieden
doppelt stark
nach dem erlebten Krieg in mir
erstrahlt meine Seele
tausendfach in Liebe

SCHATTEN

Angefüllt mit Tränen
Wut
Gewissensbisse
mit unerklärlichen
grauen Feldsteinen beladen
schwermütig und geduckt
verkrampft
vergiftet
vernebelt
Starre meines Gefühlslebens

Mein Horizont
durchzogen von dunklen Wolken
bedrohlich über mir
als würde
jeden Augenblick
ein Blitz auf mich
herabsausen

Bin auch ich selbst
vollkommen
von schwarzen Gedanken
ausgefüllt
unfähig
ein Licht in mir
oder um mich
wahrzunehmen

HEILFASTEN

Eine Zeit
die mich
immer wieder herausfordert
mich an meine Grenzen bringt
mir etwas abverlangt:
Geduld und Durchhaltevermögen
Mut zum anders sein

Aber auch
eine Zeit der Freiheit
über meine Grenzen
hinaus zu gehen
meinem Körper
eine Pause zu gönnen
meinem Geist
ein Stück Klarheit zu geben
Klarsicht
Weitsicht

Eine Ruhepause
im Stress des Alltags

Ich fühle mich schlecht

Von Mal zu Mal
scheint es schlimmer zu werden
Wünsche ich mir
meinen Tod herbei

Bin ich nicht geschaffen
für diese Welt?
Wo sind meine Freunde?
Wem bin ich noch wichtig?
Wer sucht meinen Rat?
Für wen kann ich noch da sein?
Ist noch irgend Jemand übrig
der mich liebt, mich mag,
mich braucht, mich versteht?

Eine Mauer aus Stein
beschützt mich nicht
trennt mich von der Welt
um mich her
Bin ich ein Außenseiter?

Aber es muss
doch irgend Jemanden
auf dieser Welt geben
der mich vermissen würde
wenn ich nicht mehr da wäre
Es fallen mir im Moment
vier Menschen ein

Reicht das?

DEPRESSION

Wie kann ich
meine Mitte wiederfinden?

mein Herz
meine Seele
meinen Glauben
meine Liebe

Wo
soll ich suchen?

Was
kann ich
wegschieben
auflösen
loslassen
oder
herholen
entstehen lassen
annehmen?

Die Traurigkeit in mir
ist stark
gewaltig
vernichtend
ein unendlich großer Druck

Ist mein Glas
heute halb leer
zählt für mich nur
dass es morgen
wahrscheinlich
schon keinen Inhalt mehr hat

Bin ich
auf der Suche
nach dem Blickwinkel
der mir zeigt:

Das Glas ist heute
noch halbvoll

Ich will glücklich sein!
Ich lebe jetzt!
Ich habe gute Seiten!
Du, Schattenseite in mir
versteh das bitte!

GLÜCK

Einfach da sein

Millimeter
vom Erdboden entfernt

schwebend

entrückt

angefüllt mit Liebe
und Licht

DAS MEER

Wie oft
zieht das Meer
mich
in seinen Bann

Bin ich
fasziniert
verträumt
gerührt

Tiefe Sehnsüchte
nach Freiheit und Weite
erwachen in mir

vielleicht auch

nach
Formbarkeit
Anpassungsfähigkeit
an Winde und Stürme
ohne Gefahr
verletzt zu werden

Das Meer
geheimnisvoll
und stark
voller Wunder und Magie
die Farben und Formen
Vertrautheit und Nähe
und trotzdem
immer
Hochachtung und Ehrfurcht

IMMER WIEDER

Immer wieder
die gleichen Fehler

Immer wieder
die gleichen Situationen
gleichen Ängste
Verurteilungen
Sorgen, Fragen

Was

hindert mich daran
wirkliche Fortschritte zu machen
Ängste zu verlieren
im Jetzt zu leben

mich zu lieben?

Welche Steine
liegen auf meinem Weg?

oder

Lege ich mir die Steine
selbst in den Weg?

TRAURIGKEIT

Manchmal

muss ich mich
meiner Traurigkeit
hingeben

weinen, weinen
jammern, klagen

in mich versinken
immer tiefer

mich auflösen
für kurze Zeit
oder länger

mich verstecken
und allein sein
mit mir

HERBST

Letzte Sonnenstrahlen
die mein Herz erwärmen
mich erfreuen
Suche ich
auch in der Wohnung
die sonnigen Plätze

Bäume verfärben sich
wie ein Wunder
Alleen in Gelb, Rot, Braun
noch schöner anzusehen
wenn sie in Sonne
gebadet werden

Nebelschwaden lassen
geheimnisvolle Bilder
entstehen

Erscheint jeder
noch so bekannte Zentimeter
in einer anderen Dimension
unbekannt
nur erahnbar
Märchenwald
Zauberland

Sind dort die Geheimnisse
verborgen?

Ein leises Erwachen
langsam und ohne Hast
entsteht erst nach und nach
wieder Klarheit
Zugehörigkeit
Eindeutigkeit

Scheint auch meine Seele
im Nebel der Landschaft
ihre eigenen verschwommenen Konturen
wiederzufinden
Parallelen?

Verstecke ich in mir
vor mir
vor anderen
meine Geheimnisse
wie der Nebel das Morgenlicht
was mir gut tut

Erwarte ich Beständigkeit

Jedoch

ist jeder Schutz in mir
irgendwann verflogen
fühle ich mich
unwohl
entblößt
entblättert
verraten
hilflos
schutzlos
und allein

LIEBE

Liebe zu mir selbst
in mir selbst
ist so gegenwärtig
so wunderbar
in diesem Moment
spüre ich in mir
unendlichen Frieden
und Stille

Strahlt mein Herz
mein inneres Heim
voller Sonnenlicht
glitzernder Sternenstaub
überall um mich her
gespiegelt von Sonnenstrahlen
tausend kleine Regenbögen
tanzen in der Sonne

Bin ich unendlich dankbar
für diese Zeit
Vertrauen und Sicherheit
Liebe, Glück, Geborgenheit
einfach in mir selbst
durch mich selbst
lächelt meine Seele
strahlt mein Gesicht
weitet sich mein Herz
klärt sich mein Kopf

Erwacht in mir wieder
die Freude am Leben
die Lust zu genießen

Fühle ich meine innere Stimme
die sich in mir
voller Schwingungen ausweitet
vertraue ich mir selbst
und der göttlichen Einheit

Kann ich
annehmen
was passiert
und loslassen
mit der Gewissheit
dass alles zum Besten geschieht
und ich immer beschützt bin

INNERER FRIEDEN

Für kurze Zeit
losgelöst
von allem
was je in mir
existiert hat

In Gedanken
an einem wunderschönen Ort
Meeresrauschen
wärmender Sand
schattiger Platz

Mein Kopf wird
vom warmen Wasser
der Wellen
sanft berührt, gewiegt
und gereinigt

Fülle ich mich
durch meinen Atem
mit Leichtigkeit,
Freiheit und Frieden

Entleere ich mich
von allen Sorgen,
Gedanken, Ängsten

Ziehen die Gedanken
an mir vorüber
wie Wolken am Himmel

Himmelsblau
das auch mich durchströmt
und mein Herz weitet

VERLOREN

Mein Kopf scheint zu platzen

Druck von außen
Druck von innen

Wie lange dauert es
bis man
zerbricht

an sich selbst
zerbricht?

Meine Gedanken
Verfluchungen
Irrtümer
vergangene Fehler
zukünftige Ängste

Wie weit kann ich
auf dem Eis gehen
bevor ich einbreche?

Erfahrungen
die stark machen
scheint es
nicht bei mir zu geben

Vorhandene Risse
werden größer
zu tiefen Felsspalten
ohne Grund, ohne Boden

EINE UMARMUNG

Eine einzige Umarmung
kann für mich
so wunderbar sein

Gibt es für mich kaum
eine zärtlichere Geste
des Miteinanders

Beschützt und geborgen
Liebe, Güte, Vertrauen und Sicherheit
durch die Verbundenheit
mit meinem Partner
Gewohnheit, die stark macht

Unendliches Glück und Freude
mich meinem Sohn
so nah zu fühlen

Geborgenheit, Schutz und Zuwendung
in der Liebe meiner Eltern
mich wirklich verstanden zu wissen
und zu verstehen

Neugier, Sanftheit, Wärme und Licht
Eintauchen in die Aura von Freunden

Verbundenheit mit Menschen
die mir wichtig sind
bedeutet für mich:

Mut schöpfen
Akkus auftanken
Sonne einatmen

aber genauso

Wärme geben
und für Andere da zu sein
hier zu sein an diesem Ort
und
einen kurzen Augenblick
zu einem einzigen liebevollen Wesen
zu verschmelzen

FRÜHLINGSERWACHEN

Die Sanftheit und Stärke
der Sonnenstrahlen
spüren und genießen

Wohlig warme Plätze
in der Natur suchen
an Stellen
die dem Wind entgehen

Letzte eisige Kräfte
des Windes versuchen
am Winter festzuhalten
gefrorene Erde am Morgen
Nebelschwaden

Noch erscheint die Natur
ohne Sonnenlicht
in einem großen Grau

Doch langsam schon
tupfen sich
Blüten und Knospen
in diese Farblosigkeit

Erste Frühlingsboten
Zartheit der Schneeglöckchen
Krokusse und Blättersprossen
die meine Sehnsucht verstärken
Sehnsucht nach Wärme
nach Neuanfang
und Lebensfreude

Warte ich auf ein Erwachen
auch in mir selbst

FRÜHLING

Der Frühling
öffnet für uns
die ersten Türen und Fenster

Blauer Himmel
wohlig warme Sonnenstrahlen
am Morgen geweckt
vom ersten Zwitschern
eines Vogels in diesem Jahr
wundervolle Erinnerungen
liebevolle Gedanken
an die Singvögel
die langsam zurück kehren
Wochenend-Stimmungshoch

Die Sonne zeigt uns
ihre wunderbar zarte Kraft
samtig weiche Fühler
leicht und anmutig
erscheint die Natur
erwacht die Natur
werden auch in mir
wieder Sehnsüchte geweckt
steigt mein Lebenswille
und mein Lebensinhalt
die Lust und die Freude
einfach da zu sein
und mich
als Teil der Natur und der Welt
zu begreifen

BERÜHRUNGEN

Worte, die mein Herz berühren
Vollkommenheit der Stimme
Sanftheit, Zartheit, Ausdruck

Worte, aneinandergereiht in Liebe
um Liebe zu geben
erreichen mein Herz
treffen den Kern meiner Probleme
öffnen in mir Schleusen
reinigen meine Seele
lassen Tränen aus meinen Augen strömen
mich so wirklich
verstanden zu fühlen
ist so unglaublich schön
und wunderbar

Berührungen von Menschen
meinen Lieben und Freunden
wenn ich in den Arm genommen werde
zärtlich gedrückt
in den Arm nehme

Ausdruck ihrer Zuneigung
und meiner
empfinde ich doppeltes Glück
Wärme zu geben und
dass sie dem anderen wertvoll ist
Wärme zu empfangen
ich bin für sie wichtig
in diesem Moment
und fühle mich großartig

Dafür bin ich dankbar
Darüber bin ich froh

Kann eine einfache Berührung
körperlich oder mit Worten
für mich
wie ein Stern sein
ein wertvoller Augenblick
eine liebevolle Geste
ein Geschenk
ein Wohlfühlen
eine Erinnerung
die ich
in meinem Schatzkästchen bewahre

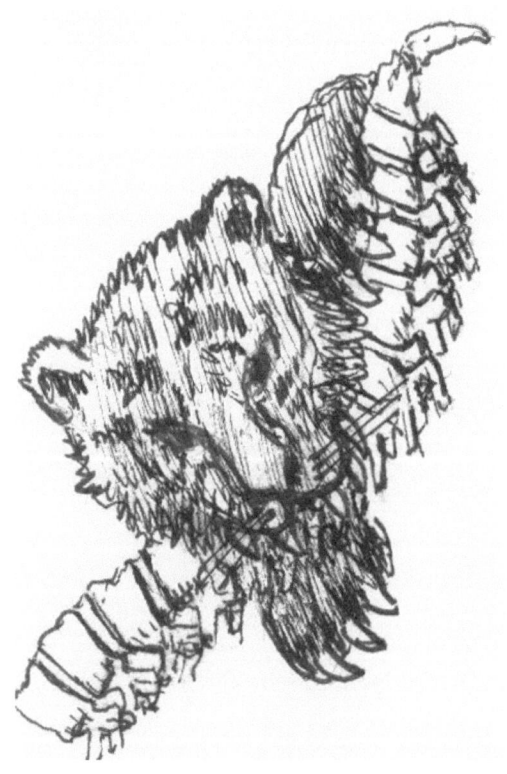

SCHMERZEN

Am Morgen
kehren die Schmerzen zurück
gestärkt und intensiv
als würden sie mir sagen:
»Es gibt uns noch! Vergiss uns nicht!
Hurra, hier sind wir wieder
und machen dir das Leben zur Hölle!«

Schmerzen
machen mich traurig,
ängstlich, hilflos
kann ich kaum einen Fuß
vor den anderen setzen
verlagere mein Gewicht
schleiche
stütze mich mit den Händen ab
die mich daran erinnern
wie sehr meine Finger
geschwollen sind
Handgelenke unförmig verändert
Beulen, schmerzende Höcker
Messerstiche bei jeder Bewegung
sehe ich in meinen Händen
voller Angst
verkrüppelte Formen
einer alten Frau
Angst, die mir im Nacken sitzt

Überkommt mich
Müdigkeit, Kraftlosigkeit
Antriebsschwäche
finde ich keine Freude
in den Dingen, die ich tue
haben mich
in diesem Moment
meine Schmerzen voll im Griff

Manchmal weiß ich nicht
wie ich leben soll
warum ich auf der Welt bin
welchen Lebensinhalt es für mich gibt
scheinen alle Handlungen
sinnlos, nutzlos, durchsichtig, unwichtig

Was ist es
das dieses Tief in mir hervorzurufen vermag?
Was kann der Tod mir bringen
was das Leben für mich
nicht zu geben bereit ist?

Manchmal ist das Leben
für mich voller Wunder und Liebe
so unendlich ausgefüllt und klar
Warum kann es nicht immer so sein?

Manchmal sehne ich mich
nach der Zuwendung von Menschen
die mir so sehr nah sind
Jedoch kann ich von ihnen
keine Resonanz meiner Gefühle erkennen
Wie sehr mich dies schmerzt
mich verletzt und traurig stimmt
Warum bin ich bereit, ihnen so viel zu geben?
Warum können sie dies nicht wertschätzen?
Fühle ich mich verlassen und klein

Manchmal bin ich einfach dankbar
für alle Gefühle in mir
Liebe und Zuneigung
        auch wenn sie nicht erwidert werden
steckt in mir, macht mein Leben reicher
kommt das Glück wirklich aus mir selbst

Manchmal
stelle ich alles in Frage
und manchmal
kann ich alles so annehmen
wie es ist und es lieben

Gibt es sonst noch irgendwo auf der Welt
so starke Widersprüche?

ERWACHT?

Seit Tagen schon spüre ich
Stiche in meinem Herzen
Wurde ich dadurch
an den Tod erinnert
Wachsamkeit
Traurigkeit

Was, wenn ich jetzt wirklich
sterben müsste?
Wird mein Sohn
sich immer an mich erinnern?

Wie viele ungesagte Worte
liebevolle Gesten
schlummern noch in mir
nie wirklich ausgesprochen
getan
aus Scham, Angst, Missverständnissen

Ist meine Auseinandersetzung
mit dem Tod
diesmal eine andere als sonst
kein Todeswunsch
nein
sondern:
eine Art Erwachen
Erwachen zum Leben
Fragen
was für mich wirklich wichtig ist

Möchte ich denen
die ich liebe
dies auch zeigen

Möchte ich die
von denen ich nicht weiß
wie sie zu mir stehen
fragen und akzeptieren
aber auf jeden Fall Gewissheit haben

Möchte ich leben
das Fahren mit meinem neuen Auto genießen
mit meinem Sohn streiten
und mich wieder versöhnen
meinen Mann verwöhnen
und Freude in die Welt bringen
all das geben
was ich geben kann
mein Licht nicht mehr
unter den Scheffel stellen
lernen, meinen Gefühlen zu vertrauen
und
das wirklich tun
was mein Herz mir sagt
die Menschen treffen
die ich schon lange treffen wollte
und jeden Tag
herzhaft lachen
nicht ständig zweifeln an dem
was ich gerade tue oder getan habe
einfach tun, zulassen und leben
nicht auf morgen vertrauen oder
auf eine Gelegenheit warten
sondern
heute das tun, sagen, erleben
was ich im Moment kann
um am Ende meines Lebens
wirklich sagen zu können:
»Ich würde alles wieder genauso tun!«

Freiheit der Sinne
Schwalben beobachten
wie wundervoll sie ihren Flug beherrschen
Anmut und Glück
scheint aus ihren Bewegungen, ihrem Wesen
und ihrem Zwitschern zu sprechen

Blütenmeere
das Weiß der wilden Kirschen
das Sonnengelb des Löwenzahns
auf einer großen Wiese
das zarte Grün der erwachenden Blätter

Die Luft füllt sich wieder
mit süßen Gerüchen
und wunderbarem Vogelgezwitscher

SCHWALBEN

Wie sehr ich in jedem Jahr
ihre Rückkehr erwarte
sie freudig begrüße
wenn sie da sind

Spüre ich seit einigen Tagen
wieder das Glück,
dass sie bei uns sind
und uns ein Stück des Wegs begleiten
ihre Anmut und Gewandtheit
Lebendigkeit und Zartheit
Flugkünstler
ihre Kraft
so unsagbar viele Kilometer zurückzulegen

Für mich sind sie
der Inbegriff
von Lebensfreude und Freiheit
liebe ich ihre Lieder
ihr Zwitschern
schmeichelt meinen Ohren
könnte ich ihnen
stundenlang zuhören
und reine Freude empfinden
ihnen zusehen
bei ihrem gekonnten Flug

So kleine Geschöpfe
und doch so große Vorbilder
und Boten des Glücks

Empfinde ich für sie
liebevolle Sympathie
sind sie für mich
herzerwärmende Wegbegleiter

LIEBE

Wie sehr ich dich liebe
dir vertraue
mich bei dir geborgen fühle

Kann ich mich wirklich
so geben wie ich bin
mich fallen lassen
alle meine Fehler und Schwächen
zeigen und ausleben
meine guten Seiten hervorheben

Du akzeptierst alles an mir

Liebe ich
dein sanftes und liebevolles Wesen
deine Ruhe und Güte
muss ich dich auch manchmal
aus der Reserve locken
dir die Worte
aus der Nase ziehen
dich anstoßen, aktiv zu werden
wünschte ich manchmal
selbst von dir angestoßen zu werden
fehlt mir ab und zu
ein Zuhörer in dir
ein Mutmacher
einer, der die richtigen Worte
für mich findet
und mit mir teilt
was ich denke und fühle

Weiß ich doch
wie sehr du mich liebst
auf deine Art

FLIEDER

Irgendwann im Frühjahr
beginnt die Blüte des Flieders
öffnen all die kleinen Blütenblätter
ihr Gesicht
um zu einer wunderschönen Fliederblüte
zu erwachen
durchströmt ein süßer, klarer, betörender Duft
die Luft

Danke ich der Natur
für ihre Kunstwerke
sind sie für mich
wie kleine Wunder
Schönheit im Rahmen der Alltäglichkeit

Was ist es
das mich niederdrückt
meine Seele zum Weinen bringt
Tränen in meine Augen treibt
mich klein fühlen lässt
und unglücklich, trübsinnig
wie ein Tropfen Gift
der sich langsam
aber stetig
in meine Seele schleicht
sie durchdringt, durchtränkt
alle Freude wegätzt
und alle glücklichen Gedanken zerstört
meine Augen blendet
und mich blind werden lässt
für alles Schöne

Kommt mir der Wunsch
tot zu sein
wieder in den Sinn
alle Qual
schon tausendmal erlebt
ist wieder gegenwärtig

Scheinbar fehlt es mir an nichts
offensichtlich geht es mir blendend
vermute ich es selbst irgendwie
nach außen
sieht niemand
meine Schmerzen
in den Gelenken und im Rücken
aber vor allem
die Schmerzen in meiner Seele

Wo sind sie geblieben
meine Erfahrungen
die Ehrfurcht vor dem Tod
der Vergleich zu Tagen
mit unerträglichen Schmerzen
meine Entscheidung
glücklich zu sein
und mich auf die schönen Seiten
des Lebens zu konzentrieren?

WO IST DIE LIEBE?

Wo ist die Liebe
wenn immer noch täglich
riesige Teile unserer Regenwälder
abgeholzt werden?

Wo ist die Liebe,
wenn immer noch Tiere
qualvoll leben und sterben müssen?

Wo ist die Liebe
wenn irgendwelche Menschen
sich die Freiheit herausnehmen können
Projekte zu starten
die die gesamte Menschheit
vergiften oder zerstören könnte?

Wo ist die Liebe
wenn wir
unsere Pflanzen, Gemüse und Früchte
so mit Giften voll sprühen
dass sie
        äußerlich makellos
immer ungenießbarer werden,
wir sie genmanipulieren
ohne Rücksicht auf die Folgen?

Wo ist die Liebe
wenn immer weniger Zugvögel
ihr Ziel erreichen
weil wir sie vergiften
und es Menschen gibt
die Fallen aufstellen?

Wo ist die Liebe
wenn nur noch Geld und Macht
das Ziel aller Dinge sein wird?

Wo ist die Liebe aller Menschen
wen oder was erreicht sie?

Oder ist die Liebe
bereits vom Aussterben bedroht
wie all die Tiere und Pflanzen
und wie wir selbst irgendwann
wenn wir so weiter machen wie bisher?

Wie kann ich glücklich sein
bei all diesem Leid auf der Welt?

WENN MEIN LEBEN ZU ENDE GEHT

Was werde ich empfinden?
Was werde ich vermissen?

Kann ich wirklich sicher sein
immer das Beste gewollt zu haben?

Kann ich dankend Abschied nehmen
in Stille, in Frieden mit mir selbst
und in Frieden mit all den anderen
den Menschen
von denen ich mich verletzt fühlte
den Menschen
auf die ich wütend war
weil sie in ihrer Habgier vergessen haben
dass wir nur Gäste auf dieser Erde sind
und ein Teil der Natur
den Menschen
über die ich ärgerlich war
weil sie Tiere oder Menschen quälen
und ohne Skrupel leiden sehen?

Was wird mir am meisten fehlen?

Wem werde ich ein Verlust sein
wenn ich nicht mehr da bin?

Werden mich Menschen in ihren Herzen bewahren?

Werden sich die Schwalben daran erinnern
dass ich sie jeden Tag ihrer Anwesenheit
mit liebevollen Gedanken begleitet habe?

Wird der Flieder seinen Duft
genauso verströmen wie immer?

Wird jemand meine Gedichte lesen
und mich in meinen Worten weiterleben lassen?

Wird mein Kind sich daran erinnern
wie sehr wir uns verbunden fühlten
und unsere Kuschelzeiten im Herzen bewahren
wie einen Schatz
und meine Liebe spüren
die ihn immer begleiten wird?

Werden all meine Andenken und Bücher
ein Andenken an mich für andere werden?

Wird es Menschen geben,
die dankbar an Zeiten denken
die sie mit mir verbracht haben?

Erwarte ich etwas?
Was und wie?

Ersehne ich mir
das große Glück in mir selbst
die Zuversicht
und den Glauben
an die wahren Werte
an die unendliche Liebe

Der Zukunft
positiv entgegen zu schauen
die Vergangenheit
Vergangenheit sein zu lassen
und
das Glück
in der Gegenwart zu suchen
und wirklich
im Jetzt zu leben

Kann ich immer noch nicht begreifen
dass das Leben Veränderung ist

Möchte ich festhalten
an allem
was ich kenne
dem ich vertraue
das ich einordne

Will ich neugierig werden
alles Neue begrüßen
und das Beste daraus machen
wenn ich falle, wieder aufstehen
wenn ich Ziele erreiche,
stolz auf mich sein

Will ich
meinem Kind
eine gute Mutter sein
liebevoll und fürsorglich
meinem Mann
eine gute Partnerin
meinen Eltern
eine gute Tochter
meinen Freunden
eine gute Freundin
ihr Vertrauen genießen
aber genauso
akzeptiert werden wie ich bin
ehrlich sein
und immer alles sagen können
mich wohlfühlen und geborgen sein

RHEUMASCHUB

S c h m e r z e n
krauchen am frühen Abend langsam
in mein Hüftgelenk
Spüre ich bei jeder Bewegung
im Sitzen, Laufen
einen kleinen Stich

SCHMERZEN
werden stärker, kraftvoller
unausweichlich
überfluten sie das Gelenk
in wenigen Stunden
sind sie stetig, unübersehbar, festgemeißelt
tausend Stiche
Bringt der erste Tablettenstoß
keine Linderung

Liege ich im Bett
finde keine Lage
den Schmerzen auszuweichen
wälze mich herum
um ihnen zu entkommen
und mache es nur noch schlimmer
durch jede Bewegung
warte auf die Wirkung der Tabletten
ohne jeden Erfolg

S C H M E R Z E N –
die reinste Folter
kenne ich keinen Schmerz
der stärker ist
Entzündungsschmerz –
»Bewege dich ja nicht!«-Schmerz

Kämpfe ich mich nachts gegen zwei
in die Küche
völlig durchnässt
und unendlich hilflos
tränenüberströmt
Zweiter Tablettenstoß

Kommt nach Stunden ein wenig Schlaf
bin ich dankbar für jede Minute
in der ich eine kleine Weile
in einer Stellung liegen kann
wo die Schmerzen milder werden
erwache ich gerädert
(die Schmerzen sind noch da)
in der Hoffnung,
dass diese Hölle
bald vorbei sein möge
Dritter Tablettenstoß

Scheint sich mein Quäler
langsam wieder zurückzuziehen

Begreife ich erst dann
immer wieder
wie kostbar meine Beweglichkeit ist
wie wichtig die Gelenke sind
wie wunderbar sie funktionieren können
wie dankbar ich über jeden Tag
ohne Schmerzen sein darf

»Annehmen«, sagt mein Gefühl
»Ablehnen«, sagt mein Kopf
»Es ist nicht schlimm«
sagt eine innere Stimme
zaghaft und schüchtern
»Es ist furchtbar
schrecklich, unverzeihlich!«
erwidert eine andere Stimme
hart und laut
»Du bist nur ein Mensch,
verzeih dir deine Fehler!«
kommt leise eine Meinung
»Die Anderen lachen über dich
du bist unmöglich
wie kann dich jemand mögen?!«
tönt die Gegenseite immer kräftiger

Warum tu ich mir so weh?

Worin liegt der Sinn verborgen?

Welchen Sinn hat es
immer wieder nach neuen Wegen zu suchen
wenn jeder für mich
doch wieder zum Misserfolg wird?

Welchen Sinn hat es
immer wieder Hilfe zu suchen
wenn dann irgendwann
aller Erfolg zunichte scheint?

Welchen Sinn hat es
immer wieder darüber zu reden
wenn alle Worte irgendwann
keine Bedeutung mehr haben?

Welchen Sinn hat es
das Glück zu suchen
wenn mich das Unglück doch wieder
in die tiefsten Löcher stürzt?

Welchen Sinn hat es
den Sinn des Lebens zu begreifen
wenn die Sinnlosigkeit
doch wieder so groß werden kann
dass ich davon erdrückt werde?

Welchen Sinn hat es
meinen Schmerzen zu begegnen
wenn sie doch wieder zurückkehren?

Welchen Sinn macht es für mich
weiterzuleben?

Bin ich am Ende angelangt?

Nach einer Woche
entsteht Abstand zur Alltäglichkeit
Entferne ich mich langsam
von all den Sorgen
die mich ständig begleiten

Schärfe und erweitere ich
meinen Blickwinkel
für das Wesentliche
im Jetzt
mein Leben inmitten meiner Familie
mein Leben als Teil der Natur
Leben um zu leben
Leben um zu lieben
die Liebe zum Zentrum zu machen
für mich
und für das Außen um mich

Öffnen sich meine Augen
wieder für die Schönheit
um mich
und in mir
nehme ich an
was ich sehe, was ist
scheint alles im Außen
auch in mir vorhanden
Sonne, Regen, Stürme, Stille
Berge und Täler
Leben und Sterben

Eintausend Meter Höhe
die Blicke schweifen lassen
unendliche Weite ins Tal
Grüntöne, die sich abwechseln
fließende Übergänge
Hügel, Berge, Tannenwälder
wunderbare Weite
Freiheit

Erwacht in mir die Sehnsucht
von diesem Ort
losfliegen zu können
die Flügel auszubreiten
und mich vom Wind
tragen zu lassen
wie der Milan
der am Himmel seine Kreise zieht
mich tragen zu lassen
nach nirgendwo

Liebenswürdige Landschaft
Bauernhöfe
wie zufällig verstreut
grasende Kühe auf saftigen Wiesen
Mensch und Tier verbunden

DER SCHWARZWALD-ESEL

Bei all den Tieren
die hier leben
mag ich sie besonders
die Eselin

Kann nicht beschreiben
begründen
warum gerade Esel
einen besonderen Platz
in meinem Herzen haben
Sympathie ohne Worte

Wälzt sich im Sand
verjagt ihre Mitbewohner
Ziege und Schaf
bewegt ihre Ohren
in hundert Varianten

Braune Eselin
voller Magie
lieb und störrisch
unberechenbar
für mich voller Schönheit
und vollkommen

EINMALIGKEIT

Es gibt in der Natur nirgendwo
zwei vollkommen gleiche Dinge

Alles ist einzigartig
jeder Baum
jeder Ast
jedes Blatt
jede Wolke
jeder Wassertropfen im Meer
jede Pflanze
jede Rosenknospe
jedes Tier
jeder Mensch
jede Zelle unseres Körpers
jede Minute
jede Gelegenheit
jedes Ereignis
jedes Gespräch
jede Begegnung
jedes Gefühl
neu und anders und einmalig

Bin auch ich einzigartig

Spaziergänge durch Wälder
vorbei an Wiesen
eine Vielfalt
an kleinen zarten Blüten
Wildblumen
in allen Farben und Formen
die mich besonders rühren

Margariten, Vergissmeinnicht
lila, rosa, weiße und gelbe Blüten
deren Namen ich nicht kenne
sind so hübsch
bringen Freude in mein Herz

Kleine Wunder voller Zartheit
Liebe und Leben in Miniatur
erinnern mich
an mein eigenes Wesen
sind sie in der Lage
mich zu beglücken
kann auch ich
eines Tages oder heute
für Andere
zum Mittelpunkt werden
zu Freude und Glück
Liebe und Harmonie
ob für kurze Zeit oder länger

Macht mich dies froh

Wildheit, Ursprünglichkeit
wie wunderbar
dass es sie bei uns noch gibt
Felsen, Bäume, Blumen, Efeu
von Moos bewachsene
und sich zersetzende Stämme
eingerahmt von Stein und Wald

Sich hindurchschlängelnd
ein Bach
ruhig dahinfließend
laut aufbrodelnd
metertief hinabstürzend
über Steine hinwegrauschend
laut gurgelnd, plätschernd
wunderbare Töne hervorbringend

Der Weg voller Magie
Stellen
an denen kein Sonnenstrahl
die Erde je berührt
meterhohe Felsen
grün bewachsen
dann wieder
Farbspiele der Sonnenstrahlen
die durch vom Wind bewegte Blätter tanzen
und sich im Wasser spiegeln

Der Pfad führt über Felsen
die man kletternd
überwinden muss
entlang der Wasserläufe
über Brücken
und morastige Wege

Übertönen an leisen Stellen
des Wasserlaufs
einige Bewohner dieser Region
mit ihrem Gesang
die Laute des Flüsschens
schließe ich die Augen
und fühle mich wie im Urwald
im grünen Paradies

Erscheint unser kilometerlange Weg
wie ein Ausflug
in eine längst vergangene Zeit
genießen wir
diese Besonderheit
und Faszination
inmitten der Natur

DANKBARKEIT

Die Tugend
Danke zu sagen
kommt mir in den Sinn

Entsteht in mir
ein tiefes, reines Danke

für die Dinge
die ich habe
die mir geschenkt wurden
in diesem Leben

Bin ich gerührt

über die Liebe
die ich empfinden kann
über die Liebe
die ich empfangen kann

über den Mut
nicht zu verzagen
oder aufzugeben

über die Hoffnung
das Licht irgendwann
durch mich scheinen zu lassen
und mein Rheuma loszulassen

über die vielen Wege
die ich gehen darf
auf denen mir
die Richtung gewiesen wird

über die Menschen
die ich treffe
Seelenpartner
in deren Schutz
ich mich erholen kann
und Kraft tanken
und an das Gute im Menschen
erinnert werde

über die Tiere und Pflanzen,
die mir Freude bereiten
und in mir
ein Stück meines Herzens ausfüllen

über all die schönen Dinge
wenn ich imstande bin
ihre Schönheit wahrzunehmen

LIEBE IN MIR

Liebe ist unendlich
Liebe ist in mir

Gedanken kreisen
um einen leuchtenden Stern

Empfinde ich Glück
im Augenblick
in diesem Moment

Kann ich alles akzeptieren

Überdeckt die Liebe
alle Zweifel, alle Sorgen
liebt sie einfach weg

Bin ich eins
mit der unendlichen Liebe
des Universums

Teil
und doch alles

Augen, die das Schöne sehen
das Wesentliche im Leben wahrnehmen
die Wunder immer wieder
Wunder sein lassen

Jedes Lebewesen
jeder natürliche Ablauf
ein Kunstwerk
einmalig und schön
in den Augen des Herzens

Tausend Blickwinkel
tausend Möglichkeiten der Wahl
im Leben zu sein
das Leben zu leben
das Leben zu beurteilen

Wünschte ich mir
immer auch den Blick
meines Herzens zu schärfen
Verzeihung zu üben
und Sanftheit und Güte zu leben
mich und andere
nicht zu verletzen

Bewertungen
so weit es geht
abzulegen
und Toleranz zu üben
mich für das Gute einzusetzen
und mein Bestes zu tun
aber vor allem

Das Licht in meinem Herzen
scheinen zu lassen

Am Tage nach langer Zeit
kräftige dreißig Grad Wärme
Sonnenstrahlen satt

Bringt der Abend
einen Gewitterschauer

Voller Magie
steigen sanfte Dampfschwaden
von der erhitzten Erde empor
tauchen die Farben
der Wiesen und Wälder
in ein mystisches Licht

Verschwimmen in der Abenddämmerung
schon die Konturen
der unterschiedlichen Grüntöne

Möchten meine Augen
sich satt sehen
an
diesen bezaubernden Bildern
verträumter Landschaft
angenehmen Temperaturen
liebevoller Begegnung der anderen Art

Sonne auf der Haut
gerade die richtige Temperatur
warm, aber nicht zu heiß
erstes Sitzen auf meinem Balkon
im Liegestuhl
»die Sonne schießt goldene Pfeile
in meinen Körper«

Wohlfühlen
wohlig warme Haut
wohlig warmes Herz
Gedanken sind frei
Ohren weit geöffnet
für das Vogelgezwitscher
in der Ferne
das leise Summen
der Hummeln und Bienen

Hinter meinen Augen
ein warmes dunkles Rot
der Sonne entgegengestreckt
und mit ihr verbunden
Horizonte verwischt
Entfernungen verkürzt
Gegensätze vereint
Brücken gebaut

BALLONFAHRT

Abheben und Schweben
losgelöst von der Erde
und gleichzeitig
mit ihr vereint
wie niemals zuvor
auf eine neue, unbekannte Weise

Dahingleiten – Davongleiten
vom Wind getragen
ihm vollkommen die Führung anvertraut

Langsame, bedächtige, leichte Fahrt
über Wiesen und Wälder
Grün und Gelb
in unendlich vielen Nuancen
Blau des Himmels
rein und klar
malerisch einige Wolken
vor der untergehenden Sonne

Die Erde
wie sie sich unter uns bewegt
Gräser und Bäume
sich im Wind wiegen
Tiere in Freiheit – Tiere im Freien
welch wohltuender Anblick

Gefühle in mir erforschen:
Freisein und Loslassen
und dennoch
Verbundenheit spüren

Den Augenblick genießen
und in mir
und mit mir
und mit allem, was ist
in diesem Moment
in Frieden sein

und

eine Ahnung davon zu bekommen
einen klitzekleinen Zipfel
des Gefühls davon
wie eine Schwalbe
sich in den Himmel bewegt
oder ein Adler
sich von den Winden tragen lässt
wie sie eins sind
mit sich und der Welt
frei und grenzenlos

DIE DREI WEISEN AFFEN?

Manchmal bin ich blind
voller Wut
Hass
aus Angst oder
Sorge

Manchmal bin ich taub
voller Schmerz
Mitleid
Traurigkeit

Manchmal bin ich stumm
aus Feigheit
Scham
in einer Depression

dann verschließe ich
meine Augen, meine Ohren
und meinen Mund
für kurze Zeit

dann schließe ich mich ein
sperr mich
in die Dunkelheit
allein mit mir
und meinen stummen Gefühlen
und finde oft
den Ausgang
nicht gleich wieder

Wohin führt mein Weg?
Wozu bin ich hier?

Welche Aufgabe existiert für mich
wurde bisher nicht erkannt
wartet auf mich
um von mir erfüllt zu werden

Oder gibt es eine Kreuzung
an der ich
eine falsche Entscheidung traf
und nicht
den richtigen Weg fand
meine Aufgabe irgendwo wartet
ohne dass ich ihr begegne
und die Chance bekomme
meinem Leben
einen wirklichen Sinn zu geben?

STILLE

Die Stille
in der ich mich zu Hause fühle
ist die Stille der Natur
die weite Unendlichkeit

Im Winter an der See
kehrt sie bei mir ein

Geborgenheit in der Landschaft
der weiten, schneebedeckten Felder
der Bäume und Büsche
in eiskalter Luft
gefrorene See
Eisschollen am Ufer
in Sonne getauchte raue Landschaft
voller Segen und Frieden und Einheit
gischtschäumende Wellen
und beißende Winde

Die Natur lebt und atmet
und ruht doch in sich selbst im Winter

Spüre auch ich
wie diese Stille mich berührt
mich ein Teil ihrer Selbst sein lässt

Fühle ich mich
in ihr geborgen, sicher und zugehörig

Empfinde ich hier und jetzt
eine unendliche Stille in mir selbst
eine Stille
aus der ich Kraft schöpfen kann
eine Stille
die für einige Zeit für mich zur Heimat wird

Besinnlichkeit
Natur im Winterschlaf
die Farben der Landschaft
reduziert
auf Weiß, Grau, Braun, wenig Grün

Nebelschwaden lassen die Weite
sich in der Unendlichkeit verlieren
ein Tag voller Mystik
am Nordpol der Winde
im Reich der Schneekönigin
scheint alle Landschaft ohne Leben zu sein
und doch nur im tiefen Winterschlaf
der auch meine Seele befällt

Wachschlaf, Friedensschlaf, Seelenfrieden
erreichen mich
durchdringen mich

Bin ich
der blattlose Baum
im Wandel der Jahreszeiten
in mir ruhend
den eisigen Winden verbunden

Bin ich
das vom Eis bedeckte ruhige Gewässer
und
die vom Schneemantel geschützte Erde

RERIK

Dunkle Farbtöne
und das Weiß des Schnees
beherrschen das Bild der Landschaft

Bricht die Wolkendecke auf
lässt die Sonne ihre wärmenden Strahlen
über die Eislandschaft gleiten

Bringt die Helligkeit
den Tag zum Erwachen
schimmert der Schnee
glitzert wie tausend Edelsteine

Verwandelt der Abend den Himmel
in eine Farbenpracht:
Gelb, Rot, Orange des Sonnenuntergangs
warme Töne
inmitten der eiskalten Winterfarben

Ist dies
das Erwachen aus dem Winterschlaf?

Die Gewissheit in uns
        kommt zurück
die Weisheit
sowie das Wissen
dass die Wärme und das Licht
immer wieder
zurückkehren werden

LEBENSLÄNGLICH

Lebenslänglich bin ich wach
verliere meine Überzeugung nicht
gebe niemals auf
lebe mein Leben
in den Stürmen und Tiefen
der Einsamkeit
verliere mein Ziel nicht
aus den Augen
schwinden mir auch die Sinne
überrollen mich auch
die Gezeiten der Welt
übe ich Rücksicht, Vorsicht
Nachsicht mit mir

Lebe ich mein Leben
hier und heute
immer wieder neu

Liebe ist

wie die Sonne
warm und wohlig
aber nie so heiß
dass sie mich verbrennen kann

wie eine Decke
die mich einhüllt und wärmt
wenn mir kalt ist
mich aber nicht einengt

wie der Panzer einer Schildkröte
der mich schützt
in den ich mich verkriechen kann
und geborgen bin

wie das Schwanzwedeln eines Hundes
die Freude, die immer in uns ist
ohne Wertung der Äußerlichkeiten
das Akzeptieren ohne Bedingungen

wie das Schnurren einer Katze
die Berührung mit warmem, weichem Fell

wie das herzhafte Lachen
meines Kindes oder meiner Mutter
Lachen, das mich ansteckt

wie die sanfte Berührung des Windes
der meine Haut streichelt
wie der eisige Sturm des Winters
der in meine Haut beißt

wie das Wellenrauschen des Meeres
Töne, die mir inneren Frieden bringen

wie der Regenbogen
Vollkommenheit

wie die Berührung mit einem Menschen
den ich liebe
groß und weitherzig
zart und vollkommen

Liebe ist
wenn ich vergeben und verzeihen kann
vor allem mir selbst
das Gefühl, dass ich wertvoll bin
mein Leben immer einen Sinn hat
und nichts, was ich tue, umsonst ist

Geben und Nehmen
ohne Hintergedanken
das Einsetzten für das Gute
das Erreichen des inneren Friedens in mir

Welche Zeit bleibt uns
um unsere Wunden zu heilen
uns zu erneuern
und uns daran zu erinnern
worin der Sinn unseres Lebens besteht
warum wir hier sind

Welche Zeit bleibt uns
um unsere Kinder heranwachsen zu sehen
ihnen zu helfen
ihnen Wurzeln zu geben
und sie dann davonfliegen zu lassen
voller Kraft und Magie
und gewiss zu sein, dass sie vieles besser machen als wir
aber auch zu akzeptieren, dass sie vieles anders tun
und ihnen diese Freiheit zu geben

Welche Zeit bleibt uns
unseren Eltern zu danken
für alles, was sie für uns tun
ihnen unsere Liebe zurückzugeben
und mit ihnen Zeiten der Gemeinsamkeit zu verbringen
und uns gegenseitig Kraft zu geben

Welche Zeit bleibt uns
für die große Liebe in unserem Leben
für unsere Liebsten
für die Liebe, die nicht mehr jung und frisch
sondern stark und ausdauernd, kräftig
und voller Geborgenheit sich zeigt
und uns stark sein lässt

Welche Zeit bleibt uns
uns mit unseren Freunden zu treffen
uns auszutauschen und zu streiten
Freude und Schmerz zu teilen
und füreinander da zu sein

Rufe ich uns auf
uns immer wieder daran zu erinnern
wie kostbar jede Minute ist
jeder Tag, jeder Augenblick

Üben wir wirklich
im Jetzt zu leben?

AUGEN DES HERZENS

Augen
die das Wahre sehen
das, was den wirklichen Augen
oft verborgen bleibt

Mitgefühl und Verständnis
aber auch Traurigkeit und tiefen Schmerz
innere Ungeduld und seelische Qual
versteckt hinter den Masken der Täuschung
Masken
die unser wahres Innerstes
verbergen, vergraben, verleugnen

Augen
die unsere Traurigkeit und unseren Schmerz
unsere Liebe und Zuversicht
erkennen, zulassen und akzeptieren
und einfach so sein lassen
wie sie wirklich sind

Wahrheit und Wahrhaftigkeit
in den Augen unseres Herzens

Gib mir den Mut
weiterzumachen
zu lieben
zu leiden
zu leben

Eben jene haben die Macht
geben sie nicht weiter
aber werden sie verlieren

Heute noch
beginnt ein neues Leben
riechen alle Blüten anders
neu, ungewohnt
ungeachtet
der Risiken und Hindernisse
eben dort
wo du bist, lebst, verweilst
dich zu Hause fühlst

Bist du immer der
der du sein willst
neu und unerkannt
leblos, farblos
oder
siegesgewiss und voller Energie
Hoffnung und Leben